Sexo es No Amar

Derek Limon

Contenido

Capítulo 1 El principio

Él era mil novecientos ochenta y dos, y como a tres años, I tenía No idea eso Mi vida daría un vuelco, estaba a punto de ser empujado

a un mundo de perversión sexual sin mi permiso. Creo que el diablo puede sentir en quiénes nos convertiremos y, para algunos, de a nosotros, él inmediatamente ataques, pero él es permitido por ¡DIOS! Fui abusada sexualmente por tres adultos, una mujer y dos hombres, todos todavía vivos, y más tarde descubrí que no era el único niño que había sido violado de esta manera.

I era a tímido niño ya, y este hizo no ayuda para años. Mantuve la cabeza gacha mientras hablaba, lo que hizo que no me escucharan, pero a ser honesto, mayoría de mi vida, I tener sintió como este invisible Sé ahora eso es el mentir el demonio usado a mantener a mí en autocompasión. Hoy estoy agradecido por estar libre de esa falsedad. También tuve problemas de autoestima. Pensé, ¿quién podría amarme en absoluto? Mi madre era dieciséis cuando ella nació a mí a niño sí misma. Mi Mi padre era un hombre casado que nunca lo estuvo en mi vida.

Mi abuela Jennie (QEPD) y mi abuelo LJ, también como tíos y

tías, aumentó a mí para el primero tres años de mi vida.

El enemigo tenía un plan bien trazado de rechazo, abandono y temor por mi vida. Ahora, a los 44 años, entiendo lo que no podía comprender durante todos estos años en que mis padres estaban lidiando con algunas cosas ellos mismos, y pensé, ¿por qué llegué de esta manera? DIOS tenía un plan maravilloso y a pesar de todo mi vida no ha sido tan mala. Mi abuelo me dijo que cuando era pequeño jugaba un rato con mis primos varones y luego me iba solo. Mi abuela pensó que eso estaba mal y trató de cambiar mi naturaleza, y mi abuelo dijo que no, que lo dejen en paz; no será como los demás, y esto es muy cierto.

I desear a compartir alguno detalles y experiencias eso dirigir Me metí en la madriguera del conejo al tratar de encontrar el amor, la aceptación y la paz. ninguno de estos cosas son encontró afuera de a real relación genuina con DIOS, nuestro creador. He aprendido que Dios es un DIOS celoso, Y no tendrá otro dios delante de él. rezo eso por lectura mi línea de vida, tú voluntad ver tú mismo en él y encuentra consuelo y restauración en toda tu vida.

Diré que no ha sido nada fácil porque el diablo nunca me va a dejar solo permanentemente, pero sí tengo refugio. en DIOS a través de Jesús Cristo, nuestro Caballero y ¡Salvador!

Les invito a todos a experimentar que el sexo no es amor.

El principio

Dios los bendiga,

"D"

La inocencia de un niño es algo tan puro, la alegría, la paz y la libertad que trae consigo.

Esta es la bendición que tuvieron Adán y Eva hasta que entró el pecado e interrumpió su camino.

Puedo identificarme con su situación anterior antes de que la perversión se impartiera, dejándome confundida, abusada y utilizada.

Ahora soy un adulto y finalmente enfrento el dolor. Ruego que mis pruebas y lecciones sean para tu beneficio.

Amado"

Capitulo 2 Sin padre (estar sin padre)

Dejar a mí comenzar apagado por dicho I hizo tener a hombre físicamente presente en mi vida, pero eso fue todo. No estaba disponible espiritualmente o emocionalmente; I entender ahora eso mi papá

podría no dar a mí qué él hizo no poseer él mismo. Su Mi padre no era un hombre emocional en absoluto, un hombre por así decirlo. Yo tenía una conversación con papá sobre esto y dijo que sentía que expresó amar por Proporcionar, y por del hombre estándar, Sí, eso es genial, pero convertirse en padre es un poco más detallado. yo debo mencionar I sostener No enfermo voluntad hacia mi papá porque de lo que no pudo darme en ese momento.

I saber ahora a niño, Macho femenino, voluntad necesidad a escuchar I Te amo, estoy orgulloso de ti y del trabajo bien hecho. Si la relación es más disciplinada y poca recompensa o elogio, un niño puede llegar a ser duro y desapegado como si no le importara nadie. pero mí mismo. I escondido alguno emociones y otros I podría no contenía y también fue etiquetado como loco por ello. soy consciente ahora del enorme vacío que dejó en mí y me hizo salir a intentarlo y llenar él. Mi Papá hizo decir a mí más tarde en él era orgulloso de a mí.

I hizo eso por volverse sexualmente activo en 13. I debería Nunca he abierto esta caja de Pandora porque lo que no sabía entonces era eso él haría costo a mí caro, y I haría pagar en lleno. Les advierto a todos que no se vuelvan promiscuos como lo hice yo. Es una herida autoinfligida que tarda años en sanar y deja el residuo de dolor por a mientras.

I era sexualmente violado tres veces por a hermano hermana dúo, no en el mismo tiempo, y su primero primo era entonces conflictivo de pequeño. Sí, era menor de edad. de 5. Tuve todos estos pensamientos antinaturales. Sabía que estaban equivocados, pero algo dentro de mí estaba fuerte, y I eventualmente dio en el tentación y cayó en pecado sexual. Apuesto a que algunos de ustedes se sorprenderían al saber los nombres de estos depredadores, especialmente los de las mujeres; Podría apostar dinero a que ellos también fueron víctimas de abuso. Ese es el ciclo feo. Esta impartición de perversión sexual causó problemas. en mi familia unidad; mi papá y mamá tenía a hablar con Yo cuando me pillaron haciendo cosas con mis primos. Dejé de hacerlo por un tiempo hasta que tuve edad suficiente para salir y experimentar con un chico mayor de la escuela. ¡Nunca quise sentir atracción interna por personas del mismo sexo! Sabía que estaba mal y, cuando lo hacía, me inundaba la vergüenza y la culpa. yo lloraría aDios y preguntar, por qué soy I como ¿este? Gente no como a mí ya, y ahora esto?

I desear a mencionar eso I no culpa alguien para mis acciones en todo; I soy simplemente narración mi historia a ayuda alguien más.

Huérfano de padre

Creo que la mayoría de los niños, especialmente
los varones,
mirar a su padre terrenal en busca de validación
y fundamento.
No tuve este lujo;
el niño dentro de mí había sido contaminado,
y así la confianza de los hombres se había visto
tremendamente dañada.
¿Cómo puedo confiar en un hombre cuando
nunca me sentí protegida o incluso
¿seleccionado?
Actué por mi dolor anímico y tuve una mala
actitud que creó algunas heridas internas y
externas.
Las palabras que pronuncié fueron la mayoría de
las veces duras, pero reflejaron mi corazón.
Ahora estoy en el camino hacia la recuperación y
el descubrimiento.
Mi identidad está en quien me creó, no en
ningún hombre apegado a mí.

Capítulo 3 Escondiéndose

I creció arriba muy rápido. I comenzó laboral en el edad de 13, como lo hicieron muchos niños sureños. Trabajé en un lugar llamado

Pancake House en Kenly, Carolina del Norte, estaba un lavaplatos. Se sentia bueno a ser capaz a ganar mi propio dinero y a finalmente ser capaz a comprar zapatos de marca y que nunca más te molesten por eso en la escuela. Recuerdo una vez que este tipo me avergonzó en un grupo. de tipo porque I llevaba Conversar, ellos eran No está bien usarlo entonces. Al final me peleé con él y le di una paliza en el baño. Sólo tuvimos un testigo. Me cansé de su bocaza, y cuando me retó, acepté. y ganado.

Recuerdo bien este año navideño. Fue la primera sexual encontrar I tenía con a chica I hizo no saber qué I estaba haciendo en absoluto. Diré que esta joven tenía mucho más experiencia. Ella haría más tarde conseguir embarazada por a mí y hizo ni siquiera dímelo. Sólo me enteré muchos años después por mi prima Hope Winston (RIP). Sabía que tenía problemas con la atracción hacia el mismo sexo después de haber sido violada anteriormente en la vida, y hizo venir afuera en mi personalidad y comportamiento como Bueno. I era entonces

avergonzado de mí mismo, incluso mi propio discurso voz. I buscado cambiar pero no sabía cómo.

I con fecha de otro chicas y, en el tiempo, hizo no darse cuenta de que era una portada para que no me descubrieran, pero diré que nunca usé a nadie en todo o engañado. Si I era con alguien, I era devoto y fiel. Conocí a otra joven que resultó ser amiga de mi hermana. Recuerdo haber regresado a casa de Job Corp y esta chica era muy bonita, pero era cinco años menor. Dudaba en hablar con ella porque era una hermosa chica, y I era sexualmente activo y hizo no desear para arruinarle la vida. Yo no era un fanático de la protección en ese momento.

Cedí y comencé a salir con ella; Cuando te digo que fue una de las mejores relaciones que he tenido y una de las peores, déjame explicarte. Salimos como civiles sólo para reconectarnos como militares. miembros. Él era divertido, de hecho; I era en su base para el entrenamiento escolar, y yo estaba en la fila en el comedor a punto de cenar, y ella dijo que entró y vio mi apellido en los pantalones de mi uniforme. Dijo que pensó en mí inmediatamente. Bien, pequeño hizo I saber ella era detrás a mí, y Me di vuelta y allí ella seguía hermosa con esos ojos marrones.

No sabía cómo sentirme, pero sabía que nuestros caminos se cruzaron por una razón una vez más. Concluiré con esto: empezamos a salir de nuevo y cuando llegué a Virginia, ella estaba destinada en Maryland. Nos vinculamos físicamente por primera vez y ella quedó embarazada. Más tarde me dijeron que ella decidió interrumpir el embarazo, y dejar a mí decir I soy no avergonzarse su en todo. I desear Tenía algo que decir, pero no lo hice. Además, nunca revelaría quién es ella. entonces cuando I conseguir a cielo, I tener dos niños espera para yo para encontrarme.

Diré que me acosaron mucho por el espíritu de homosexualidad. eso era en a mí, y alguno gente hecho a mí Siéntete como un leproso también. Esto no hizo nada por mi autoestima. Me dolió mucho. Espero que alguien vaya a través de esto obtiene el apoyo y amar ellos necesidad a ser capaz a caminar en su libertad divina .

Capítulo 4 Vida familiar

I tener estado dijo eso a madre sabe cuando ella tiene a niño que tiene tendencias homosexuales. Quiero decirte que es verdad y I hizo no decir mi mamá rostro a rostro. Ella era a estricto persona, y nunca la escuché atacar a una persona gay. Simplemente estaba avergonzado así que le escribí una carta y para mi sorpresa, ella no respondió. negativamente en todo. Mi lucha se hizo clara cuando Yo invité a chico I reunió en Trabajo Cuerpo, y mi sentimientos transformado involucrado en algo demás. Este hizo no fin Bueno, y este causado un agujero aún mayor en nuestra dinámica familiar. Me siento responsable de haber traído este chico alrededor; él causado alguno dolor no justo para yo sino para toda mi familia.

I llevar responsabilidad para mi parte en el situación, y Nuestra familia nunca ha sido la misma, ni siquiera hoy. De alguna manera fui reemplazado por este tipo y volví a ser el pequeño chico OMS era rechazado y abandonado. Sol dio lejos Todas las cosas de mi casa y llamé a mi tía Blanche White (RLP) en Richmond, VA, y me mudé allí durante unos dos años. Olvidé mencionar que mi papá biológico no me crió en absoluto. De hecho, sé dónde vive y tengo su número, pero no lo sabemos. tener a relación en todo. Mi madre encontró afuera él estaba casada, y ella solo tenía 16 años cuando me tuvo, rápidamente terminó la relación y cortó con él, y si él no podía tener su, él hizo no desear a mí cualquiera. Mi padre era atrevido porque mi madre y su esposa asistían a la misma escuela, él era a viaje, ¿bien? Él hecho a elección no a ser en mi vida, y como resultado, el el daño fue hecho internamente. Soy aún recuperándome a los 44. Quiero decir que lo perdoné y nunca le he faltado el respeto. a él en todo como a padre, incluso aunque ausente.

Padres y madres, por favor comprendan que cualquiera que sea su niño carece en hogar, ellos poder y voluntad encontrar en algún otro lugar, y mayoría veces, él voluntad ser a detrimento a ellos mismos. I Soy un testigo vivo. ¡Quiero decir! Estoy agradecido por la exposición porque cualquier cosa nosotros no confrontar; nosotros no poder conseguir curado y entregado de. Dios tenía a plan todo a lo largo de, y I hizo no siquiera lo sé. ¡Romanos 8:28 estaba a punto de entrar en vigor en mi vida de verdad!

I tener tenía a permitir Dios a espectáculo a mí mí mismo y aceptar, adoptar y ajustar en todos los ámbitos. Le pedí a Dios que me mostrara mi yo feo. Todos ustedes, tuve algunos problemas de ira profundamente arraigados que surgieron en el equivocado veces. I tenía a malo actitud, y I hizo no confía en cualquiera, especialmente hombres. I haría no permanecer en a trabajo largo si te enojaste a mí apagado. I haría abandonar y ir en a el próximo. I era a Buen trabajador, seguro que solo tuvo una mala actitud.

Me cansé de estar enojado todo el tiempo. Puedo recordar orar este simple oración, y Vaya chico, hizo mi vida cambiar. oré a dios Iré a donde quieras que me vaya, y Haré bien lo que tú quieras que haga, me escuchó, y fue juego. en.

Capítulo 5 Académicos y seguir adelante

Debo decir que no fui un erudito en la escuela, tampoco fui un tonto. cualquiera en todo. I hizo graduado y hizo no como escuela, principalmente debido al acoso que recibí. tuve que ir al verano escuela muy temprano en, y I hizo no intentar, y mientras Mis padres (mamá) Papá viajaban como camioneros. Diré que hay que tener paciencia con un niño que puede aprender de manera diferente; si no, puedes destrozar su autoestima. Eso me paso a mi. No podía soportar enojarme porque no lo hice. entender. I voluntad decir eso cualquier de nuestro duele y dolores nosotros aprobar a lo largo de a nuestro niños si nosotros no reconocer y conseguir libre y recibí un dolor del que me llevaría años recuperarme .

Siempre supe que podía hacer más. Soy práctico, rápido. aprendiz, y I presentado eso en el trabajos I trabajó. I Comenzó en cadenas de comida rápida y consiguió un ascenso a los 17 años en McDonald's. Él era ritmo rápido, y I corrió el atrás. Él era divertido, aunque me encantó el desafío. Me acercaba rápidamente a la graduación y no tenía ni idea de mi futuro.

I hizo qué mayoría hizo y consiguió a trabajo y justo conservó yendo, y aunque pagaba las facturas, todavía sentía anhelo de más. Debo mencionar que siempre he sido diferente a mis hermanos y otros familiares, y no podía ocultarlo. no estaba interesado en calle vida en todo; únicamente diseñado. Me alegro de no haberme dejado atrapar en absoluto por seguir a la multitud. Me alegro mucho de que muchos hayan perdido la vida intentando encajar.

I finalmente vino a a punto y decidido a ir conseguir a comercio, entonces Exploré la opción de Job Corp a la que mi madre había asistido en Kentucky después de darme a luz. Pensé que quería dedicarme a la agricultura, pero una vez el instructor dijo que no se pueden matar serpientes.

I preguntó, "Dónde hacer I ir a firmar arriba o algo diferente, y eso fue un redoble de tambores, ¿Artes Culinarias?

Era entrando involucrado en algo No estaba familiarizado con Mi mamá cocinaba todo, yo comía y eso era todo. Oh sí, I lavado platos como Bueno. I era no el mejor cocinar, pero Lo disfruté y conocí a gente realmente buena. Éramos tan gruesos como ladrones, siempre corte arriba; gente haría odiar a ver nosotros detrás la fila del almuerzo que sirve. Me quedé en el programa poracerca de uno año y a medio o entonces. I creer este provocó mi creencia de que podía hacerlo mejor y ser mejor.

Salí de allí y regresé a casa; no había suficiente espacio para mi padres, entonces I tenía a conseguir mi lugar. I permaneció en Carolina del Norte para acerca de a año o más, y entonces I movido a Richmond, Virginia. I vivido con mi Tía blanca Blanco y Tío Clarence; Ambos se han ido. QEPD. Me alegré de poder empezar de nuevo en una nueva ciudad y agradecí estar fuera de Carolina del Norte para siempre.

I permaneció aquí para acerca de dos años y comenzó a conseguir inquieto como si I sabía mi tiempo era arriba allá, y él era. I Un día oré: "Señor, lo que quieras que haga, lo haré, y ¡vaya!, me esperaba una sorpresa: la Armada de los Estados Unidos".

I voluntad mencionar mi Tía Hattie Estancil profetizado eso Me uniría años antes de pensar: no me uniré al ejército de nadie. Dios me hizo mentiroso.

Capítulo 6 Espejo Espejo

Cómo muchos veces tener tú reunió alguien y ¿Inmediatamente no hicisteis clic? La mayoría de las veces, tú y esa persona comparten algunos fortaleza en común y verlo en cada otro y no me gusta. Tengo un hermano menor, Eugene, y él y yo somos muy parecidos. Quiero decir, casi nació el día de mi cumpleaños. Nos separan 14 años; cuando entró en la familia, era como si fuera el Hijo primogénito. Tuvo el cariño y atención que siempre buscado, y de curso, él hecho a mí celoso de a él. Incluso sintió mi aversión por él y ahora puedo admitir mis frustraciones. eran mal dirigido para seguro.

Él no pudo evitar que él fuera amado y adorado, y yo no era tan amado y adorado, y no era tan fácil llevarme bien. con cualquiera, a ser honesto. I intentó sabotear mi matrimonio de mis padres una vez y fracasó. Yo era un completo desastre, todos ustedes mi

Pastor justo recientemente comenzó a serie en del alma dolor y trauma y por qué hacemos lo que hacemos. Ahora entiendo lo profundo que es y fue, y estoy muy agradecido por esta enseñanza.

I darse cuenta ahora como mi padres el dolor tiene aprobado abajo a

a mí a través de generacional maldiciones, y una vez algo va en, siempre saldrá, y cuando lo haga, no será bonito. Pido disculpas a mi pequeño hermano, y I debe decir él tiene resultó ser un gran joven. Necesitaba enfrentar algunas verdades duras, y Dios sabe él haría herir como infierno, y él hizo. I

Puedo decir que me hizo quien soy hoy. Necesitaba una nueva actitud y mentalidad, cual el Armada dio a mí, I soy agradecido para ese momento.

Debo admitir que durante mi época de alistado, me trataron mejor personas que no se parecían a mí, excepto este jefe superior filipino, que era un racista secreto. Me estaba portando mal después de que me diagnosticaran una enfermedad que me cambió la vida y mi llanto para ayuda era reunió con, I soy yendo a escribir tú arriba. I Odiaba eso deber estación. I voluntad no nombre él porque entonces el chico podría ser identificado. Ya lo superé, pero fue muy doloroso.

y vacío tiempo en mi vida.

Doy gracias a Dios por ayudarme a salir adelante. Tenía

dos compañeros de cuarto que no funcionaban; Creo que uno de ellos intentó conseguir su amigo a herir a mí en mi propio hogar. Agradecer Dios para Su protección. He pasado por esto con personas que debería tener conocido; mayor que era mi objetivo.

Como I mirar en tú, I mirar en mí mismo. I entender mejor de lo que sabes que estás pidiendo ayuda a gritos. Como un niño pequeño que no poder hablar, su palabras escapar tú, tú necesidad paz. Luchas y discutes para demostrar lo fuerte que eres, pero interiormente sabes que estás totalmente equivocado. ¿De qué sirve señalar con el dedo? El odio simplemente te vuelve más malo y ¿quién quiere soportar ese comportamiento? ¿Te das cuenta de que estás enfermo y necesitas ayuda?

Ayuda de su situación eso causas frustración. I significar, Es una clara indicación de que la paz del corazón, la mente y el espíritu han existido desde hace mucho tiempo. desde tomado a permanente vacaciones. Entonces, tú encontrar falla en otros cuando el tablón es claramente en su ojo a ignorar este es simplemente una mentira.

Espejo Espejo

La mayoría de las veces, lo que vemos feo en los demás también está en nuestro interior.
Tomamos medidas extremas y lo cubrimos con orgullo, y así es como la enfermedad se sigue propagando.
Te ruego que te enfrentes a la persona que ves todos los días y le pidas ayuda a Dios para cambiar la imagen que ves.
Nunca fuimos hechos a mi imagen. SÓLO la imagen de Dios cambiará y te traerá la victoria.

Capítulo 7 Con el corazón roto

Recuerdo un sábado por la mañana; Estaba emocionado como si fuera Navidad. Había visto a mi padre biológico y me prometió que vendría y me llevaría a comprar regalos y, hombre, estaba lleno de alegría. Ahora, I voluntad decir él tenía hecho promesas y No los guardé, pero esta vez fue diferente. Esperé y esperé, y él hizo no venir en todo. I era devastado este tiempo. Recuerdo mi mamá narración a mí eso I haría encontrar afuera OMS mi papá lo era, y aprendí a los 11 años que nunca tendría una relación con mi papá.

Ahora sabía dónde vivía y qué conducía, e incluso tenía una suegra que vivía en mi misma calle. Él haría visita su a menudo. I imaginar vidente a él y a él interino como si yo no existiera. Ahora sé que mi desconfianza hacia los hombres aumentó ese día y que a partir de ese momento me rebelaría contra las figuras de autoridad masculinas en mi vida. Los hombres de mi vida me fallaron en algún momento y me doy cuenta de que ¡nunca puedes dar lo que no tienes! Mi relación con los hombres era disfuncional y anhelaba la validación de la especie masculina. Cada vez que algo no funciona, se tuerce.

I era molestado, y eso transformado en homosexual sentimientos y experiencias eso Era avergonzado, pero me doy cuenta ahora que Jesús aburrir todo de este sobre el cruz en Calvario. I no tener a tener miedo de qué gente decir, y dejar a mí decir tú a secreto. Si a Un chico o una chica siempre está criticando a una persona gay, en secreto lo quieren. Podría contarte algunas historias de mi juventud. yo estaba sexualmente acosado todo el tiempo por así llamado heterosexual hombres.

Padres escuchar, especialmente hombres. Dejar su Niños saber que los ames, los abraces y muéstrenles cariño para que no vayan a buscarlo en las calles porque Satanás siempre tiene un plan de respaldo, como lo hizo consigo mismo, y todos sabemos cómo resultó. Les haré saber a mis hijos que son amados, adorados y hechos a imagen de Dios. Esto es vital necesario, pero de nuevo, si este tiene no estado inculcado en el adulto que te cría, es probable que lo haga y no pueda hacerlo.

un hijo necesita un hombre espiritualmente arraigado, sin decir las chicas no. I soy discurso de el masculino perspectiva; a hijo necesidades un hombre que no tiene miedo de mostrar su vulnerabilidad y también sus inseguridades. Sé que a muchos hombres se les enseñó que los hombres no llorar. Bien, poder I preguntar a ¿pregunta? No hombres ¿sentir? Hacer ¿No tienen ninguna emoción flotando dentro de ellos? La respuesta es que sí. Dios nos dio todas las emociones, pero se supone que deben ser sometidos y gobernados por el Espíritu Santo. quiero decir otra vez eso I lugar No culpa en el hombres en mi vida porque I Aprendí de ellos lo bueno, lo malo y lo intermedio.

Estoy muy agradecido con Larry McFadden, quien me crió como si fuera suyo y es responsable del gran hombre que resulté ser, no perfecto, ¡pero sí asombroso! Lo aprecio y trato de demostrárselo cada vez que puedo agradecerle. Quiero contarles de cuando estaba en California y necesitaba un automóvil. Llamé a mi papá y le pedí que firmara conjuntamente un vehículo. No lo dudó y dijo: "Bueno, necesitas un auto para desplazarte". Y me dieron uno ese mismo día.

Capítulo 8 Descubriendo la mano de Dios

Me encanta esa canción 'Amazing Grace', tiene una línea que dice: "Una vez fui ciego y ahora veo que realmente puedo apreciarlo". Toda la canción, en realidad, pero esa línea, en particular, me llamó el corazón. Estaba tan cegado por lo que pensaba que era correcto para mí. Estaba muy inquieto e inestable. Yo era la definición de vagabundo de los libros de texto, y si no sabes qué es eso, significa una persona que deambula de un lugar a otro sin hogar ni trabajo. Debo decir que lo del trabajo está totalmente mal. Siempre he trabajado, pero la parte que me resuena es la parte errante.

Compré cosas para llenar el vacío. I miró bien en Por fuera y por dentro era un hombre muerto que caminaba como tantos otros que no conocen ni reconocen en absoluto la mano de Dios sobre sus vidas. No me di cuenta de la llamada, pero sí vi desde el principio el espiritual mundo. I recordar uno tiempo en nuestro remolque Durante unos tres días, un espíritu maligno estuvo caminando lentamente por nuestra casa.

Estaba muerta de miedo porque tengo el sueño ligero, así que todas las noches lo oía y era como si estuviera en casa. En aquel entonces, los remolques eran finos como el papel. Debí haber sabido entonces que tenía valor para el Reino de Dios debido a los primeros ataques a mi vida. Casi muero dos veces en un accidente automovilístico antes de cumplir 25 años. Estoy agradecido por las oraciones de los santos en mi vida.

Con el tiempo comencé a ver la mano de Dios sobre mí y me entregué a Su voluntad, y luego la vida se hizo más fácil gracias a mi obediencia a él. Miro mi vida y me sorprende todo lo que he logrado. Nunca hubiera imaginado lo bueno que Dios quería ser conmigo, feliz de que finalmente se encendiera la bombilla.

Capítulo 9 Un cambio de escenario

La primera vez que me alejé de casa era para trabajo Corp. Estaba en las montañas, un lugar llamado Bosque Pisgah. Disfruté la vista. Puedo ver por qué amo las montañas. Fue el comienzo de a nuevo comienzo para a mí. I amado cómo pacífico y hermoso era entonces. Todavía tengo un vínculo con tres personas que conocí allí en 1997. Comencé haciendo horticultura, pero cuando me dijeron: "No podíamos matar serpientes", me quedé fuera. Me anoté para hacer artes culinarias. Ahora, antes de que pienses que soy un maestro de cocina, no lo soy.

Puedo cocinar un poco, hombre. ¿Nos divertimos en clase y fuera? de ¿clase? I voluntad decir mi amigos eran definitivamente más popular que yo. Ahora estoy aprendiendo cómo la gente

susurró acerca de a mí ser homosexuales, a pesar de I conservó él a Yo mismo, pero quieres escuchar los hechos. Algunos de los chicos de los que nadie sospechaba que eran homosexuales eran homosexuales en sus vidas reales. Conozco a tres chicos que eran buenos con todos los que eran bisexuales o al menos curiosos, y no, nunca me relacioné con nadie, y eso se puede validar.

Me quedé casi dos años y me fui y regresé a casa. I tenía a conseguir mi propio lugar porque allá era No habitación en la casa para mí, así que conseguí un lugar y comencé a trabajar en una tienda de conveniencia como cajera/cocinera. Doy gracias a Dios por Alice Hinton-Richardson (QEPD). Ella me ayudó a conseguir que me contrataran. me gustó el trabajo. I era el solo chico allá; nosotros permaneció bonito ocupado, también.

Bien, todos ustedes, aquí llega alguno drama. I permitido uno de mis amigos de Job Corp vinieron a vivir conmigo, y fue como si hubiera sido reemplazado como hijo; Esta persona tenía y todavía tiene una relación disfuncional con su familia, por lo que mi madre estaba realmente a madre a a ellos. I era devastado porque I creció sentimiento eso I debería tener nunca estado, y en el fin, mi corazón era aplastada después a hermano de mío comenzó a relación con ellos.

I darse cuenta ahora eso experiencia empujado yo en mi destino después alguno drama, nada físico. I consiguió deshacerse de todo en mi casa en Kenly, Carolina del Norte, y me mudé a Richmond, VA, durante aproximadamente dos años. Creo que Dios usó esta situación para sacarme de mi zona de confort y funcionó.

Diré que esta es la primera vez que estoy deprimido y no lo hice. cuidado acerca de cualquier cosa. I soy contento I era no suicida en todo,

agradecer Dios. I era a naufragio mentalmente y emocionalmente, aunque. Estaba trabajando muy bien en Bayer Aspirina y podía

tener conseguido contratado, pero I permaneció afuera a semana como a trabajador temporal y finalmente renunció.

I hizo no saber él entonces, pero mi vida era acerca de a hacer a 180 grados en más de un sentido.

Capítulo 10 ¿Qué estás haciendo? ¿Adónde vas?

Después de estar en Richmond, VA, por un tiempo, sentí que me estaba moviendo en con mi vida mientras este era verdadero físicamente. I Ahora sé que esto no fue cierto emocional, espiritual y mentalmente. Puedo recordar la situación que me hizo mudarme y, cada vez, me provocó sentimientos incómodos. No había enfrentado la verdad sobre mí y la situación. Me esperaba un duro despertar y ahora sé que la fea verdad es que

mejor que a hermoso mentir.

Mis problemas estaban profundamente arraigados internamente y ninguna cosa externa puede ser la raíz de la ira, la rabia, el odio, la soledad, el miedo, etc. Mi ubicación geográfica no me curó automáticamente en absoluto. Recuerdo que tuve que regresar a Carolina del Norte para pagar las tarifas de la licencia para poder obtener una licencia de VA, y ¿adivinen con quién me encontré? Mi mamá y el amigo con el que tuve una pelea. puedo decir que esto fue un incómodo situación, a decir el el menos. I sintió el La misma ira que sentí cuando dejé Carolina del Norte.

¡Puedo agradecer a Dios ahora porque usó esa situación para empujarme hacia mi destino! Simplemente no lo sabía en ese momento. I Puedo recordar haberle hecho a Dios una oración simple, y eso me catapultó a Su perfecta voluntad. Me arrepentí de los pecados que cometí. contra Dios con a sincero corazón. I honestamente sintió como si me estuviera hundiendo en la arena, estando fuera de la voluntad de Dios. Sentí un cambio casi instantáneamente después de esa oración. Me sentí incómodo en 1510 Presson Blvd y ya era hora de irme.

Regresé a Carolina del Norte por unos tres meses, me uní a la Marina y me fui hacia la perfecta voluntad de Dios. La dinámica de mi familia todavía era un desastre. Todavía era un marginado, tenía una mala actitud y estaba enojado, así que ahora entiendo por qué nadie quería una relación conmigo. Anhelaba una conexión y la buscaba en todos los lugares equivocados. ¡Sentí que iba a tener que salir adelante solo! Me engañaron, de verdad.

Odiaba mi primer lugar de destino. Lo único bueno fue que hice un par de amigos y eso lo hizo llevadero. Estaba encantado de salir de allí. Obtuve mi único logro de la

Marina Medalla allá. I poder recordar mi supervisores colocar Me preparó para fracasar, y les salió por la culata. Romanos 8:28. debo serhonesto eso el gente OMS miró como a mí eran principalmente contra mí, no todos, pero sí la mayoría.

Puedo admitir que mi actitud no fue la mejor, pero siempre he sido un buen trabajador y seguí las reglas al pie de la letra. Tenía una voluntad fuerte y no me gustaba que se aprovecharan de mí en absoluto. Odio la injusticia y hablaré cuando sea necesario. Me instalé y pasó un año y mi madre sufrió un derrame cerebral masivo y no se ha recuperado en absoluto después de todos esos años. Mi madre hizo algo extraño; ella lloraría cuando la dejaría. Ella no hizo esto con nadie más. Nuestra relación no había sido reparada, pero mi mamá se disculpó conmigo y creo que yo también.

Posteriormente nos reconciliamos mi padre y yo, quien no me entendía en absoluto, pero algo sí ahora. Veo como Dios tuvo que separarme para hacerme ver y no señalar con el dedo a nadie más. Satanás siempre hará que te concentres en los demás, pero Dios está tratando de que te veas.

Días de Befler

Como el viento cambia de dirección, Padre mío,
Dios tiene un plan y es la perfección.
Como muchos artistas famosos conocidos por el
hombre,
con el trazo de su pincel, una obra maestra está
al alcance de la mano.
DIOS es igual; él es el maestro alfarero.
Nosotros somos la arcilla.
DIOS nunca prometió días de lluvia, pero sí dio
el arcoíris como promesa y señal de esperanza
de que siempre está cerca y sabe qué es lo mejor.
En la vida, a veces oscurece y el túnel de la
transformación parece largo.
Sólo recuerda, el autor de tu historia siempre
obtendrá la gloria,
Así que cuando parezca demasiado,
dáselo a quien pueda manejarlo todo
y te atrapará cuando caigas.
Te garantizo que siempre hay sol después de la
lluvia y ganancia a través del dolor;
Se avecinan días mejores.

Capítulo 11 Un nuevo comienzo

I era entonces agradecido para mi Tía blanca y Tío Clarence por permitirme vivir con ellos. Estaba tan destrozada y enojada cuando aparecí en su puerta. Me acogieron sin dudarlo y les agradecí. La cálida bienvenida fue muy necesaria. Sentí que finalmente había encontrado un hogar. Inmediatamente comencé a buscar trabajo y lo encontré. realmente me gustó viviendo en Richmond, VIRGINIA. Él era algo nuevo. Dejar Les aseguro que los muchachos del año 1999 eran bastante atrevidos.

Salí una noche y este tipo se me acercó mientras estaba con otro. Nunca me había pasado eso y volvió a pasar. Mientras estaba con mi tía, un chico intentó acercarse a mí y yo dije, no. Admito que estaba deprimido. No quería que nadie supiera lo que estaba haciendo. Estaba avergonzado y nunca pude pronunciar las palabras. Soy gay; simplemente no pudo salir en absoluto.

Me instalé bastante bien y me involucré con un tipo que vendía drogas y, finalmente, cumplió condena. Estaba en la línea de chat local , conociendo y relacionándome con extraños. Fue un comportamiento muy arriesgado y poco inteligente porque estaba en lugares que no conocía, pero el pecado te dejará ciego en serio. Estaba tratando de llenar un vacío que sólo Dios podía. Conocí a un tipo que estaba muy relacionado con la industria de la música gospel y déjame decirte que me sorprendió lo que me dijeron, sin ningún juicio. La ciudad estaba llena de violencia cuando vivía allí, pero soy el tipo de persona a la que le gusta explorar, así que encontré mi camino.

Mi tío Clarence me llevaba en coche y me daba un susto de muerte. Un día, casi choca contra la espalda de alguien, y cuando lo llamé, se enojó y dijo: "La próxima vez, deja que tu tía te lleve".

Yo estaba como, "Con mucho gusto". El tío Clarence hacía los mejores pasteles de batata y otras cosas. No puedo explicar lo bien que me sentí al estar lejos de Carolina del Norte.

Estaba a punto de tener otro cambio de vida y ni siquiera lo sabía, ¡afortunadamente! Obedecido.

Capítulo 12 Frente a duras realidades

I estudió Mateo 7:1-6 este mañana. Por qué es este ¿importante? I soy contento tú preguntó. De entonces largo, cuando I Miré a los demás, no vi mi propio reflejo en absoluto. Te lo desglosaré. El hombre que me crió era un buen hombre pero súper pasivo con mi madre. No dirigió como debería haberlo hecho un hombre. Mi padre proveyó, pero no tomó las decisiones que un hombre debería tomar para liderar adecuadamente a su familia. Soy por No medio juzgando o faltarle el respeto mi padre en todo. I Simplemente estoy exponiendo mi experiencia de crecimiento, cómo me afectó cuando era joven y cómo moldeó mi relación con las mujeres desde el principio.

Mi padre vino de a dos padres hogar, y su papá Era un hombre varonil y no mostraba emociones. Los niños generalmente siguen el ejemplo colocar antes, si él es bien o malo. I También le quitó algo bueno y malo. Estoy agradecido por todo lo que me enseñó porque, en su mayor parte, salí bien. Sé ahora niños aprender qué ellos vivir y qué tiene vivió antes que ellos siempre. Rezo para que algún día sea un mejor ejemplo porque I saber qué efecto ser a malo uno tiene izquierda en a mí.

I voluntad ahora decir tú acerca de mi madre. Ella era a adolescente cuando ella consiguió embarazada en 15 por a joven hombre a pequeño más viejo que su. Sólo podía imaginarme siendo tan joven y estando involucrada con un chico mayor ahora. Creo que la relación fue consensual. Mi padre era a casado hombre y este tiene provocó dramatismo. I no lugar culpa en alguien, pero I voluntad decir este era todo un desastre. Solía pensar, ¿por qué vine aquí de esta manera?

Pero creer a mí, Dios sabía cómo y cuando I haría conseguir aquí. Solía avergonzarme de ese hecho, pero ya no porque sé ahora I tener a objetivo para ser aquí, y él es próximo Fructificar.

Les ruego a los padres que se curen y se liberen del trauma infantil antes de tener hijos. Recibir terapia no es nada malo. Creí que lo que me enseñaron era tabú. Recibir ayuda en mi comunidad significaba que estás loco. No todos se sienten así, pero una buena parte de la gente sí. Quiero compartirles una placa que colgaba en nuestra antigua casa como familia. Es muy apropiado criar hijos. Espero que arroje luz sobre los rasgos tóxicos y positivos que transmitimos a nuestras semillas.

"Niños aprender qué ellos vivir," por dorotea Ley Nolte, Ph.D.

Si los niños viven con críticas, aprenden a condenar. Si los niños viven con hostilidad, aprenden a pelear.

Si los niños viven con miedo, aprenden a ser aprensivos.

Si los niños viven con lástima, aprenden a sentir lástima de sí mismos.

Si los niños viven bajo el ridículo, aprenden a ser tímidos. Si los niños viven con celos, aprenden a envidiar.

Si los niños viven con vergüenza, aprenden a sentirse culpables.

Si los niños viven con tolerancia, aprenden a tener paciencia. Si los niños viven con elogios, aprenden a apreciarlos. Si los niños viven con aceptación, aprenderán a amar.

Si los niños viven con aprobación, aprenden a mentir ellos mismos. Si los niños viven con el reconocimiento, aprenden a tener una meta. Si los niños viven con honestidad, aprenden la veracidad.

Si los niños viven compartiendo, aprenden a ser generosos. Si los niños viven con justicia, aprenden la justicia.

Si los niños viven con amabilidad y consideración, aprenden a respetar.

Si los niños viven con seguridad, aprenden a tener fe en sí mismos y en quienes los rodean.

Si los niños viven con amistad, aprenden que el mundo es un lugar agradable para vivir.

Estoy de acuerdo con todos menos con los dos últimos. Nuestra fe debe estar en Dios y sólo en Él. Además, el mundo no es un lugar agradable para vivir, especialmente ahora, pero respeto su perspectiva. Miro hacia atrás, a mi infancia, y mis padres me dieron algo de lo bueno y lo malo, y ahora, a los 45 años, estoy al margen de lo negativo. Esto tampoco empieza. Recuerdo que cuando era más joven me tildaban de loco, y para algunos todavía lo soy. No me comuniqué con mi familia. Me sentí como un extraño al que habían colocado en la familia equivocada. Ahora sé que Dios es muy intencional y él sabía lo que yo necesitaba obtener de mi

unidad familiar. Estoy agradecido y amo a mi familia y puedo aceptar que ahora nuestros caminos son simplemente diferentes. Después de mirarme internamente y ser honesto, me di cuenta de que odiaba quién era. Odiaba tener una mala actitud y una visión negativa de la vida. Me sentí como una olla a presión que podría explotar en cualquier momento. Estaba realmente confundido con mis emociones y lo mostré en mi vida diaria.

y actividades. No sabía por dónde empezar a sanar. ¿Quién podría confiar? ¿Ante quién podría ser vulnerable sin serlo? ¿Juzgado y excluido? Necesitaba y quería desesperadamente liberar todo este dolor, rechazo, abandono y miedo para poder estar completo.

Sufrí por dentro, pero ahora sé que lo que pasa por dentro siempre se manifiesta fuera. Es como un espejo que se refleja en sí mismo. También era un poco antisocial debido a mi baja autoestima. Algunos podrán pensar que bien, él nunca lo demostró; la gente tiende a protegerse del dolor. Era bueno camuflándome y podía camuflarme muy bien. Recuerdo cuando mi madre me enviaba a la tienda y yo tomaba el camino más largo para evitar a los chicos del vecindario si querían que no los molestaran.

Yo era un chico flaco con un gran trasero. Lo odié mucho porque algunos de los chicos me agarraban el trasero y supuestamente eran heterosexuales. Más tarde descubrí que uno de los chicos más populares del barrio quería acostarse conmigo. Las palabras utilizadas fueron que estaba enamorado de mí. No sabía el significado de eso en ese momento, pero sonaba espeluznante: este mismo tipo sacaría su virilidad y mostraría

mi hermana y yo. Fui acosada sexualmente y ni siquiera lo sabía él. I hizo tener mismo sexo atracción, pero I era también Tenía miedo de actuar en consecuencia, pero finalmente lo hice con un chico mayor en mi escuela. Él escogido yo arriba uno día, y nosotros fornicado en su auto.

No puedo decir que haya sido una buena experiencia.

Fue solo una experiencia, y I hizo no ver a él de nuevo. Él pronto izquierda nuestra escuela. I haría no alguna vez tener cerca masculino amigos porque mis sentimientos se volverían eróticos y, para ser honesto, no tenían eso en su agenda en absoluto. desde entonces he podido ser amigos con a hombre y no ir allá en todo. I era permitiendo mi carne a llevar encima, y pronto, el apetito a explorar Los afectos entre otro hombre y yo me alcanzaron y cedí.

Debo decir que incluso en el acto me avergoncé de lo que estaba haciendo. Sabía que iba en contra de la ley de Dios y, sin embargo, era como una fortaleza espiritual que me cautivó y no pude resistir la tentación en absoluto. Mis imprudentes aventuras de una noche me alcanzaron en 2006. Fue algo irónico que había orado a Dios en un club gay en DC, le pedí a Dios que me quitara el deseo, y que ya no quería hacer esto, y Cuando llegó enero de 2006, mi vida cambió drásticamente.

Me diagnosticaron una enfermedad que me cambió la vida y me sorprendió a mi centro. I tenía nunca tuve cualquier tipo de enfermedad en todo. El médico me dijo cuando me dijo que actúo como si estuviera sorprendido. I honestamente buscado a puñetazo su luces afuera malo.

Habría acabado en el Brigg Sol si me hubiera abstenido de hacerlo. I era en negación para acerca de seis meses, y entonces él golpear a mí como una tonelada de ladrillos a la vez: comencé a deprimirme por mi vida y mi futuro. Dios me había hecho la promesa de que me casaría y tendría una familia. ¿Cómo va a pasar esto?

¿ahora?

I era enojado en Dios, pero I debería tener estado enojado en a mí mismo por ser tan descuidado. El pecado es divertido por una temporada, pero el precio siempre es más alto que qué tú son deseoso a pagar. I saber ahora que no recibí una alerta de spoiler de sentencia de muerte. conseguí casado a a nacimiento natural mujer. Este vida cambiar ponme en el camino hacia que Dios me procese para poder convertirme en el ministro que soy hoy.

Capítulo 13 Soledad

Recuerdo haber usado esto diciendo muchas veces que podría estar en una habitación llena de gente y aún así sentirme solo. Me pregunto cuántas personas se han sentido así. Siempre me sentí invisible. Este sentimiento comenzó cuando era un niño pequeño. Yo era un niño tímido y no era como mi macho. primos. I tenía regalos y talentos ellos hizo no poseer, entonces Pensé que seguramente Dios cometió algunos errores conmigo y desesperadamente buscado a ser como a ellos; I justo podría no. I sintió como No tuve voz durante un tiempo excepcionalmente largo. Hablaba entre dientes y no miraba a la gente a la cara cuando les hablaba.

Mi autoestima estaba baja y lo estuvo durante bastante tiempo. Este niño destrozado todavía estaba siendo reconstruido nuevamente. No le desearía nada de lo que experimenté a nadie más que a mí mismo. Me di cuenta de que tenía el poder para vivir y crecer a través de ello. Yo también era un solitario cuando era niño. Déjame contarte lo que mi abuelo, a quien llamé papá, decía sobre mí cuando era niño. Él dicho, "I haría a menudo ser jugando con mi dos primos varones y, después de un tiempo, me iba solo". Mi abuela, a quien I llamado mamá, pensamiento este era extraño, y mi Papá dijo su eso él era mi naturaleza a ir mi a mi manera y, efectivamente, esa ha sido mi vida.

Soy el tercer nieto mayor, el único de los cinco criados con mis abuelos que hizo el servicio militar, como mi tía y tíos. I podría agregar eso I era el el menos probable que se una al ejército; La idea de que alguien me gritara en la cara era un no para mí y para el dinero, si lo sabes, lo sabes. No tenía dinero y la lucha era real.

Mi vida mejoró y Dios obró algunas cosas en mí. I hizo aprender a escuchar a autoridad. I poder imaginar Dios diciendo que si no escuchan al hombre, no me escucharán a mí en absoluto.

I hizo sobrevivir ocho años de no conseguir en problema en la Marina. Gracias a Dios tuve algunos momentos difíciles, pero todo salió bien. Quería mencionar cómo los hombres siempre me trataron mal y de manera muy diferente, y yo también lo sentí. era como yo

les disgustó. Tenía maneras femeninas y eso fue todo. Odiaba eso como Bueno. Mi voz era agudo, y I sonaba como una niña! No tuve a mi papá cerca hasta mi adolescencia.

porque él trabajó como a camión conductor largo distancia y Sólo estaba en casa los fines de semana.

Dios tuvo que destruir mi creencia sobre lo que es un padre. Mi experiencias tenía no estado el mayor, y I hizo empujar de nuevo en verdaderamente conectando con el hombre OMS aumentó a mí porque el que me hizo me rechazó. Muchas personas son niños y niñas destrozados porque no recibieron el amor que necesitaban cuando eran niños. Eso hace una diferencia. Les haré saber a mis hijos que los amo y que soy un lugar seguro para que vengan. a. El resultado de a Desamor niño voluntad producir a vacío en el niño corazón, y ellos voluntad llenar él con todo ellos se les ocurre y sobre todo en detrimento de ellos.

Capítulo 14 Espera un minuto, no tan rápido.

Este es a público servicio anuncio. Si tú tener vivido un cierto forma su entero vida y entonces venir a Cristo, su la vida no cambiará de la noche a la mañana. No estoy diciendo que Dios no pueda librarnos instantáneamente. porque él poder. I soy advertencia de a celo espíritu. Tú sentir como tú son en arriba de el mundo y poder llevar o cualquier persona o cosa debemos hacer lo que la palabra nos instruye y llenarnos de la palabra, la oración, el ayuno y la meditación en la palabra como Bueno. El enemigo de nuestro alma voluntad enviar espíritu atrás para ver si la casa de donde vinieron está llena o vacía. Si está vacío, Volverá con siete demonios. más fuerte que ellos mismos, y esa persona estará peor que antes.

Me puse en una situación que me hizo vulnerable.

Me engañaron y ayudé a llegar allí. Doy gracias a Dios por mostrarme que no era tan fuerte como pensaba y que todavía tenía algo que residir allí. Satanás sólo necesita una pequeña abertura para entrar. La Biblia nos dice que va y viene buscando a quién devorar. Sus ataques son muy intencionales. Debemos vestirnos diariamente con la palabra de Dios para que siempre podamos resistir las artimañas del diablo y sus maquinaciones, Juan 10 nos dice que el diablo viene a robar, matar y destruir si no tenemos valor entonces. No perdería el tiempo. El enemigo sabe que le queda muy poco tiempo.

Quiero animar a todos los que lean esto a que pueden caerse, pero volver a levantarse y, en el juego, nunca abandonar, sin importar lo que parezca. He tenido que animarme en muchas ocasiones a no desanimarme. El peso de la vida puede atascarte, pero Dios nos dijo que echáramos nuestro cuidado sobre él, porque él cuida de nosotros, fíjate cómo dice cuidado singular. La vida sucederá y no podremos superar las persecuciones, las pruebas y las tribulaciones que vienen para hacernos fuertes. Doy la bienvenida a la gracia de Dios para ayudarme a enfrentar cualquier cosa que deba enfrentar.

Recuerdo que mi baja autoestima me llevó a lugares y rostros desesperados, permitiéndome conectar con personas que nunca debí haber conocido. Ahora me doy cuenta de la raíz del problema, amigos. Siempre hay una raíz en todo el alcoholismo, porque mi abuelo pudo haberlo tenido porque se casó joven y no tenía una figura paterna que lo dirigiera. Puedo completar los espacios en blanco sobre qué causó que se formara el hábito o el pecado. Agradezco poder ser honesto; eso es lo que trae la libertad.

Realmente nunca podría liberarme hasta que fuera honesto conmigo mismo y luego con Dios. Le encanta confesar que ya lo sabe y que está de pie, esperando rescatarnos cada vez.

Capítulo 15 Soñando

Para años ahora, I tener tenía estos visiones y Sueños sobre mi esposa. Nunca pude ver su cara. Recuerdo su cabello y tono de piel, pero eso es todo. He visto niñas pequeñas. Siempre les he dicho que no a las niñas porque soy sobreprotectora de verdad, pero cualquier niño sano y feliz que me envíe, estaré bien con él. él. I sentarse a veces y visualizar nuestro pequeño familia pasar el rato en casa sin hacer nada, sólo pasar tiempo de calidad juntos. Creo que este acto tan simple ha quedado obsoleto, el mal uso de la tecnología nos ha perjudicado a todos. Quiero y necesito que mi hogar esté lleno de amor, risas, tonterías y consuelo. Quiero alguien OMS visitas a sentir el dando la bienvenida espíritu nosotros tener. Utilicé el poema Los niños viven lo que aprenden y, en efecto, son pequeñas esponjas.

Recuerdo haber estado rodeado de muchos adultos que maldecían como marineros, ¿y adivinen qué? Yo también crecí jurando como tal y se me daba bien. Volver a soñar. También quiero escribir canciones y tal vez algunos cortometrajes o algo creativo. Quiero vivir fuera de los EE. UU. la mayor parte del año y tener mi niños experiencia cosa I nunca hizo como a niño, como Bueno. IQuiero que se vayan de casa y sepan que son amados y que ellos poder devolver si necesidad ser. I también tener a pasión para veteranos varones, los de color, porque a veces tienen dificultades para obtener lo que necesitan del mismo sistema que honradamente servido. Discurso de experiencia, nuestro Los homólogos blancos suelen recibir ayuda por discapacidad antes de abandonar el servicio activo.

No soy parcial y ayudaré a todos. Sólo digo que los veteranos necesitan lugares seguros para vivir y trabajos donde puedan ganar un salario digno y cuidar de sí mismos. La mayoría no quiere ninguna limosna. Yo mismo utilicé el sistema y estoy agradecido por la ayuda que recibí cuando la necesité. Sé que Dios me permitirá ayudar a otros porque ese es el deseo de mi corazón. También quiero comprarles una casa a mi papá y a mi mamá. Soy un chico muy sencillo y no necesito mucho.

Mucha gente sueña y eso es todo lo que hace: ningún plan de acción, ninguna motivación, ni nada. Me doy cuenta de que si la mano de Dios no está sobre ello, nunca funcionará. Realmente soy un siervo de corazón y quiero ser usado para la gloria de Dios.

Capítulo 16 Sra. Stancil, ¡gracias!

I desear a llevar el tiempo a agradecer mi futuro esposa, amiga, madre, hijos, intercesora y mucho más. He esperado para tú para a largo tiempo. Él era un Walt. I soy agradecido que decidiste emprender este viaje conmigo. Eres un verdadero regalo de Dios, no sólo para mí sino para este mundo. estoy agradecido que Dios te regaló la forma en que lo hizo. Dios sabía exactamente lo que necesitaba en tú como a compañero. I saber a veces I podría trabajar Tu último nunca, pero supongo que estamos pegados como pegamento loco. Estamos unidos hasta que la muerte nos separe y nunca hablaremos. de divorcio alguna vez. esto es por Dioses diseño, y nosotros hará él trabajar. Ser paciente con a mí como I recibir su Amor genuino. Antes pensaba que me amaban, pero era mentira.

Quiero que seas paciente pero firme conmigo mientras derribo mis muros para dejarte entrar y convertirte en el hombre que Dios ordenó para tu vida. No puedo esperar a que sirvamos juntos en el reino de Dios, ayudando a cambiar vidas por la gracia de Dios y por medio de su Espíritu Santo.

Puedo vernos ahora viajando por el mundo con nuestros hijos y teniendo la mejor vida que jamás hayamos tenido. Creo que mi último será mayor que el primero, y tú eres parte de eso. Les entrego mi devoción, compromiso y dedicación a esta unión y pido a Dios que la bendiga con una doble porción de unción para que podamos hacer su voluntad y no la nuestra.

Doy gracias a Dios por ti y planeo mostrarte cuánto cada día, por el resto de nuestros días, vamos a tener la mejor vida juntos, no comparable a la de nadie más. Tendrá un diseño exclusivo. No puedo esperar a conocerte, y cuando lo haga, sabré con certeza que tú eres mi tarea y yo la tuya. Hasta entonces, estoy orando por usted y nuestra familia. La palabra de Dios no regresa vacía, sino que cumple aquello para lo que él la envió. No puede mentir nunca y cumple sus promesas.

Espera, ya voy. Con amor,

Derek Lamón

Capítulo 17 espera en dios

Esperar: a permanecer en algún lugar o detener haciendo algo hasta que viene alguien o pasa algo.

I debe decir I era nunca a masivo admirador de este palabra en todo. Para ser honesto, la mayoría de la gente tampoco lo es. A lo largo de los años he aprendido que la palabra esperar requiere la actitud y el estado de ánimo correctos. Siempre fui una persona hiperactiva; no podría estar quieto

ahorrar mi vida, constantemente en el ir de aquí a allá y yendo a ninguna parte. Esperar es una disciplina divina que la mayoría no tiene,

y es un gran regalo poseerlo. Recuerdo a algunos de los mayores de mi familia y tenían este don. No tenían la espiritual herramientas nosotros tener hoy, pero ellos tenía este regalo. I Desde entonces he aprendido a simplemente esperar en Dios; Salirme de su momento me ha costado más de lo que estaba dispuesto a pagar. Como dice el viejo refrán, las cosas buenas les llegan a quienes esperan.

Es cierto que cuando esperas el tiempo perfecto de Dios, eres bendecido sin medida. Dios Padre tiene la costumbre de hacer las cosas más asombrosas y alucinantes cuando le obedecemos y confiamos en él. Esperar requiere un nivel de confianza en lo desconocido y también en lo invisible . Entré ciegamente al servicio militar en 2001 y puedo asegurarles que todavía estoy cosechando los beneficios de simplemente esperar en la perfecta voluntad de Dios. No sabía lo que quería hacer en la vida y simplemente oraba a Dios para ir a cualquier lugar y hacer cualquier cosa que Él quisiera que hiciera. Dios rápidamente me puso a prueba ya que era sincero en mi pedido y me fui a la Marina de los EE. UU.

Me alegro que Dios no me haya dado cosas fuera de su tiempo porque él haría tener destruido a mí, I hizo casar en 38, y ahora algunos dicen, espera, escribiste una carta agradeciendo a la Sra.

Stancillyes , I hizo. I voluntad hablar acerca de eso casamiento cuando Dios quiere que lo haga. Ahora soy un hombre divorciado a los 45 años y todavía

aferrándome a la promesa que Dios me dio cuando tenía 19 años. mundo nosotros vivir en es a microonda generación. Nosotros desear él todo ahora, el auto, la casa, la carrera, todo ahora muchas veces no somos lo suficientemente maduros para manejarlo todo. Estos dones terrenales y, sobre todo, espirituales, deben manejarse con sumo cuidado y respeto, y si nosotros no saber el valor de a cosa, nosotros tender abusar de él y luego perder.

I tener definitivamente conseguido a bendición y desordenado él arriba porque I era no maduro suficiente a administrar él correctamente. Dios está tratando de enseñarnos una lección en todas las cosas para poder sacar la gloria de nuestras vidas en todo momento. Debo decir que si alguien comparte información con tú, eso poder ayuda tú apreciar esa persona sin importar la entrega. Si es verdad, acéptalo. Soy partidario de comer la carne y escupir los huesos. Solía creer que mentir te enseñaría y simplemente lo dejaba; Luego maduré y descubrí que si mi padre hacía algo, no le funcionaría. ¿Por qué iría detrás de él y haría lo mismo? ¿mismo? Eso es loco, pero ellos puede hacer él porque ellos buscar el consejo equivocado.

Capítulo 18 Mi revés fue permitido para una remontada:

Bueno, ayer recibí una mala noticia de que no conseguí el trabajo que solicité debido a mi vista. Odio la diabetes. Él es a terrible enfermedad eso poder violar el cuerpo con muchas aflicciones. Ojalá hubiera podido tomar mejores decisiones en la vida.

sobre mi salud, pero él es nunca también tarde a cambiar. I Necesito convertirme en el mejor administrador de lo que Dios me ha dado en todos los ámbitos, especialmente en este vaso. Perdí tanto tiempo siendo imprudente, y él todo tiene a costo adjunto a él. I debe decir, I estaba tranquilo acerca de el rechazo y justo oró y sabía eso esta oportunidad era no para a mí. I tenía a plan, pero Dios tenía otro y su plan siempre es el mejor, así que simplemente aprendo la lección

y mantener él Moviente. Dios colocar aparte a específico tiempo para a mí estos años, 2011 y 2012, escribir para poder publicar esto y ayudar a alguien más. Estoy seguro que muchos se identificarán con lo que tengo. desaparecido a través de y cómo I hecho él afuera en el otro lado, sanado, completo y empoderado. También he aprendido a no compartir. mayoría cosas con gente porque la mitad no cuidado, y los demás están esperando que falles.

Soy entusiasmados que dios es voy a hacer con este libro que él ordenó. Agradezco que me haya elegido para ser quien le entregue las Naciones. Quiero poder viajar a diferentes países y compartir sobre la bondad de Dios y su gracia en todas las cosas. I no poder llevar cualquier crédito para este porque I hizo no incluso obtener buenos resultados en inglés en la escuela secundaria. Pasé, pero probablemente fue por poco. 'La palabra de Dios es verdad; toma las tonterías del mundo para avergonzar a los sabios' 1 Cor 1:27. Dios, mi creador y gobernante, obtiene toda la gloria de esto y de cualquier otra cosa que me permita hacer a través de su Hijo Jesucristo, mi Señor, y salvador.

I esperanza este alienta el lector a buscar Dios para santidad y consagración y una vida agradable a Dios a través de nuestro cuerpo. Y que si has pecado y te has quedado corto, puedes arrepentirte y no volver a ir por ese camino nunca más y ser liberado de esa atadura sexual impía del alma en el nombre de Jesús. Los amo a todos con el amor de Dios. Que él os bendiga y os guarde, y que su rostro brille sobre vosotros.

Atentamente Tuyo,

Derek Lamon.

Conclusión

Estoy agradecido por permitir que Dios me use para su gloria, quiero a agregar I soy no perfecto, y I aún hacer errores, pero por su gracia, sigo adelante continuamente. Creo que algunos de nosotros estamos destinados a llevar cargas más pesadas que otros en esta vida. Me acuerdo de este versículo: Eclesiastés 9:11 'Volví y vi debajo el sol, eso el carrera es no a el rápido, ni el batalla hacia fuerte, ni todavía pan a el inteligente, ni todavía riqueza a hombres de comprensión, ni todavía favor a hombres de habilidad; pero tiempo y a todos les pasó la casualidad. La tarea que Dios da es de resistencia, todos enfrentaremos muchas pruebas y pruebas.

Creo que Dios está buscando un remanente de personas que también hagan esto. Lucas 9:23: "Y les dijo a todos: Si alguno quiere venir después a mí, dejar a él denegar él mismo, y llevar hasta su Cruza cada día y sígueme.' Dios matiza el llamado para que quienes tengan ganas Dios podría nunca usar a mí eso es a mentir de Satán, el Padre de todas las mentiras y de todo lo que es falso.

I creído, recibió, y concebido el del enemigo mentiras para

muchos años, y él era a mi detrimento. I soy narración tú, si, que si Dios es fiel a su palabra sobre mi vida, el hará lo mismo para tú si tú sostener sobre a él y el promesa eso el hizo; él siempre es fiel.

I amar tú todo con el amar de Dios a través de su Hijo, Jesucristo, mi Señor y SALVADOR!!!

Derek Lamón

Sexo

es

No

Amar

Libro de trabajo

Exponer:

A descubrir o permitir a ser abierto en el aire.

Este definición es muy en punto. Primero, él descubre Bueno. Quizás te preguntes: "¿Descubre qué?" Cualquier cosa que esté oculta puede ser pornografía, masturbación, sexo en grupo, gula. No importa qué vicio hayamos tenido todos, y algunos de nosotros todavía tengo uno o más que estamos trabajando encendido o ignorado, esto es muy cierto.

Dios, por forma de el Santo Espíritu, dio a mí Estas historias:

David& Betsabé 2 Samuel 11: Descubriendo qué es Enterrado debajo.

Sé que algunos pueden estar familiarizados con esta historia de traición, asesinato, adulterio, y el táctica a cubrir él todo arriba. Tú ver, I Puede relacionarse con encubrir cosas para identificarse con David. Les contaré algo de la historia del Rey de Israel. Fue elegido personalmente por un Profeta de Dios y ni siquiera estaba incluido en la lista de pretendientes para el puesto.

Aquí me siento alentado porque incluso cuando otros lo

olvidan, Dios voluntad y siempre recordar a mí. I poder recordar el verso que dice: "Y Dios se acordó de Noé". (Génesis 8:1). David era a humilde oveja guardián, ser su protector, proveedor, y cuidador en general. Hacía bien su trabajo y le apasionaba él. Lo que sea su pasión es, mayoría veces, su la unción también está ahí.

David tenía no desaparecido a batalla con el descansar de su compañía. Estaba caminando una tarde por el tejado y notó una hermosa mujer. David convertirse interesado en OMS ella era, Entonces envió a decir quién era ella, y descubrió que era la esposa de otro hombre.

David hizo no cuidado. Este era su 3er error, y él acuéstate con ella. Ella quedó embarazada y David empezó un plan. a cubrir su comportamiento, y este es qué el mayoría hombre poderoso hizo en el momento del acto pecaminoso. David se dio cuenta de que sus intentos a conseguir Urías dormir con su esposa, todo fallido. Urías
era a hombre de integridad y haría no abandonar su compañía para ir a pasar una noche de placer.

Urías incluso le dijo a David que no se lo haría en la cara. Se levantó para qué él creído, y desafortunadamente, él costo a él su vida. Quiero mantenerme firme en los principios divinos que él tiene. otorgado a mí como este hombre.

David escribió a carta a el Comandante de el Acampar que Urías estaba apegado y le dijo que lo pusiera al frente y tirara atrás el descansar de el compañía entonces Urías haría morir, y Él hizo. Urías murió ese día, y David asumió que todo lo que hizo había terminado hasta que recibió la visita del profeta Natán. El Profeta comenzó a contarle una historia a David.

David se enfureció cuando Natán terminó y dijo que el hombre que hizo esto seguramente moriría. Natán le dijo: "Tú son eso hombre," y inmediatamente David arrepentido. Nathan le dijo a él eso Dios despreciado qué él hizo y dio instrucciones sobre lo que le sucedería como resultado.

Cuando pecamos consciente o inconscientemente, las consecuencias son el fin resultado. Él hace no asunto si nosotros saber o no. La mayoría de las veces elegimos no reconocer nuestro comportamiento incorrecto.

El engaño ha devastado la iglesia. Pensamos que estamos bien, pero las Escrituras dicen que nosotros, como creyentes, la justicia es como trapos de inmundicia y que apenas podríamos lograrla.

nunca liberarnos de lo que no vamos a admitir, aceptar y pedir perdón, y por último, CAMBIAR!!!!

Dios no mira nuestra apariencia exterior. Él mira nuestros corazones y determina cuáles son nuestras verdaderas intenciones, y

Créeme, tus acciones son un camino directo a tu corazón. Podemos engañar a todos los demás, pero él lo sabe todo y lo ve todo. Podría engañar a todos, pero no a las personas que tienen el espíritu de Dios.

David eventualmente volvió a conectarse con Dios, pero Dios lo dejó por un tiempo. David todavía lo persiguió y Dios lo bendijo con otro hijo. Salomón y David continuaron reinando con éxito. Esta es una historia perfecta de cómo Dios puede redimir incluso en los lugares más horribles, bajos y oscuros. Me alegro de que Jesús haya ido al Calvario por mí para que pueda ser libre de mis pecados pasados, presentes y futuros. Él es increíble y estoy muy feliz por eso.

Educar:

Dar intelectual, moral, y social instrucción a (alguien, especialmente niños), normalmente en una escuela o universidad.

Como muchos que fueron a la escuela durante doce años para obtener un diploma, para ser honesto, la escuela no me hubiera importado menos. Quería dejarlo porque no me gustaba nada. Me acosaron y también fui malo por eso. Tuve la peor actitud y todos verán por qué más adelante en el libro. Me gradué a tiempo siendo el último de mi clase y ni siquiera estaba emocionado por eso. No entendí la importancia de ese diploma, mi madre, quien no se graduó pero recibió su GED más tarde.

Hechos 9: La historia de la conversión de Saulo a Pablo: Transformación

Y yendo en camino, llegó cerca de Damasco; y de repente una luz del cielo lo rodeó: Encuentro con Jesús

Y cayó al suelo, y oyó una voz que le decía: Saúl, Saúl, ¿por qué me persigues? Jesús le dice exactamente qué pecado está cometiendo.

Y él dijo: ¿Quién eres tú, Señor? Y el Señor dijo: Yo soy

Jesús a quien tú persigues: duro te es dar coces contra el aguijón. Jesús deja muy claro a quién le está hablando.

Y él, temblando y asombrado, dijo: Señor, ¿qué quieres que haga? Y el Señor le dijo: Levántate y entra en la ciudad, y te dirán lo que debes hacer.

Saúl recibió su primera tarea, y fue simple, simplemente fue como lo hizo Abraham.

Saulo hizo lo que le había ordenado, y un discípulo llamado Ananías tuvo una visión del Señor acerca de Saulo. Le dijeron que fuera y pusiera sus manos sobre los ojos de Saulo para que pudiera recibir la vista, pero Ananías se mostró reacio. Jesús le aseguró que Saulo estaba a punto de ser utilizado para la gloria de Dios. Ananías siguió las instrucciones y fue donde estaba Saulo, donde lo estaba esperando. Ananías lo llamó hermano mientras le imponía las manos sobre los ojos para que recuperara la vista. Ahora vería con claridad. La Biblia dice que fue como si le cayeran escamas de los ojos.

Fui conducido a Saulo, más tarde llamado Pablo, porque él mismo admitía que era un erudito. Conocía la ley judía como la palma de su mano. Era un hombre muy inteligente y decidido también. Creo que Dios lo eligió porque sabía que Pablo lo serviría de todo corazón y estaba vendido a la causa de Cristo como Mesías. Pablo tuvo que olvidar o al menos dejar de lado todo lo que sabía en el mundo natural e ir a la escuela del Espíritu Santo para ser guiado por Él y no por su intelecto en absoluto.

He aprendido, al igual que Pablo, que tenemos que ir a la misma escuela del Espíritu Santo. Si alguna vez vamos a ser usados por Dios, debemos abandonar todo nuestro pensamiento carnal. Debemos olvidar cómo vivíamos; esto sólo provoca una guerra interior, y el Espíritu Santo es un caballero. Él nunca impondrá Su voluntad sobre nosotros en absoluto. Se trasladará al barco dispuesto. Pablo rápidamente dio paso a Dios para provocar su drástica conversión; no pensó en ello en absoluto; simplemente entregó su voluntad a Dios. Creo que es muy sabio hacer lo mismo y tendremos la misma victoria que tuvo Pablo a lo largo de su caminar cristiano.

Empoderado:

Dios el Padre dio Jesús' fuerza para este asignación por camino del Espíritu Santo.

Mateo 3: 16,17,4:1-11 RV

Creo que la mayoría de nosotros realmente no entendemos que Jesús era completamente humano y completamente Dios. Es difícil para nosotros aceptar el hecho de que Dios habitó entre nosotros. Mateo 3:16-17 estados eso Jesús era bautizado, y cuando él vino afuera de el agua, recibió el Espíritu de Dios sobre él, y se puso como un

paloma. Fue facultado para tentación que estaba a punto de soportar en Mateo 4:1-11. Jesús pasó todas las pruebas porque sabía el verdad, y él hizo no intentar a luchar Satán en todo; solo usó la palabra de Dios.

Satán comenzó amable de sutil en intentando a poner duda en él acerca de quién era él en Dios. Ejecutar EXALTADO Jesús en el cruz Mateo 27: 32-56

Jesús fue llevado a la cruz y crucificado; él no murmuró o quejarse acerca de el dolor, vergüenza, ridículo y burla en absoluto. Soportó y mantuvo la paz a pesar de todo. ¿Cuántos de nosotros ni siquiera podemos contenernos con un dolor de cabeza? Nosotros hacer cada disculpar de por qué nosotros son negativo en nuestro situaciones y decir I soy solo humano, pero adivinar ¿qué? Jesús también lo fue. Él era completamente Dios y completamente hombre. Hebreos 4:15 dice que el asombro tiene un sumo sacerdote que ha sentido lo que nosotros sentimos ahora, y todavía él hizo no pecado. Jesús era equipado a ejecutar la tarea en su vida tal como lo hemos sido nosotros. Debemos confiar en el Espíritu Santo diariamente para que nos guíe y nos guíe a toda verdad como Jesús dijo que lo haría. El sufrimiento que a menudo traen las pruebas y las pruebas. produce el fruta eso nosotros necesidad: diamantes son producido únicamente por presión. Ahora entiendo cómo Betty Wright dijo proféticamente: "SIN DOLOR, NO HAY GANANCIA". Ella dice en la canción que para conseguir algo, tienes que dar algo. Puede que haya dado una pista de mi edad. Dios elige hombres normales y mujer y usos a ellos hacer excelente hazañas ex, David era un pastor afuera con ovejas y José era a arruinado niño OMS Tuvo que pasar por un proceso de eliminación para ejecutar los sueños que Dios le dio.

Debemos pasar por el mismo proceso para poder ejecutar el voluntad y plan para nuestro vidas. I soy ahora obteniendo sabiduría, conocimiento, y comprensión de mi asignación y mi libro es uno de a ellos. Dios poder y voluntad usar otro. Si no cumplimos con su plan/voluntad para nuestras vidas, la asignación de la unción pasará a otro. La obra de Dios se hará con o sin nosotros.

Debemos elegir diariamente ejecutar la voluntad de Dios. plan para nuestras vidas, y eso lo logramos haciendo exactamente Mateo 6:33 33 Mas buscad primeramente el reino de Dios, y su justicia, y todas las cosas. estos cosas deberá ser agregado hasta tú. I asegurar tú eso Este método funciona porque no dependemos de nuestras propias fortalezas, talentos, intelecto, dinero o conexiones. Jesús aceptó y completó el llamado a su vida y ahora tiene el nombre arriba cada nombre. I desafío tú como el lector a Descubra exactamente qué plan tiene Dios para usted porque aún será responsable de lo que sea. Dios te llamó a hacer. I orar eso como tú ir a través de este libro de trabajo, él voluntad Te retamos a buscar a Dios con todo tu corazón.

Exaltado:

1. (de una persona o su rango o estatus) colocado en un nivel alto o poderoso; tenido en alta estima:

filipenses 2: 9-11

Jesús izquierda su celestial posición con autoridad y Es un honor venir aquí a la Tierra para arreglar lo que el primer Adán arruinó.

Jesús hizo no pensar él bajo a él a venir abajo a el nivel de un simple bebé de carne y hueso. Jesús creció como un ser humano con un padre y una madre terrenales también y tuvo que obedecerlos. como fuimos entrenados para hacer. Jesús pasó todas las pruebas que se le presentaron como adulto. Después de haber ido al desierto, vino afuera listo a trabajar.

66 filipenses 2:9 dice Por qué Dios también tiene lo exaltó hasta lo sumo y le dio un nombre que es sobre todo nombre: "

Los siguientes versículos también afirman que toda rodilla se doblará y la lengua confesará que Jesucristo es el Señor de todos. Esto incluye todo el gente OMS nunca creyó y burlado Jesús como a fraude. Ellos voluntad ver uno día eso él es OMS él dice él es y que Dios no es mentiroso en absoluto! Qué día tan maravilloso y doloroso para aquellos que rechazaron la verdad del Mesías.

Dios tiene exaltado a nosotros como Bueno; él dice a nosotros nosotros estan sentados en

celestial lugares Efesios 2:6 Nosotros como creyentes son en Cristo mientras obedecemos a Dios Padre a través de sus mandamientos y decretos. Jesús es el modelo que debemos seguir para obtener la victoria total sobre cada enemigo que se cruce en nuestro camino.

Se nos dan muchas sugerencias para seguir a Dios a través de Jesucristo. Él es el camino de la verdad y de la luz. Sé que ha funcionado para mi bien muchas veces. No sabía adónde me llevaba la vida, pero puse mi confianza en Dios a través de su Hijo y fui guiado por un camino ordenado. Te imploro que hagas lo que hizo Jesús y entregues tu vida y sigas a Dios. Será la mejor decisión que jamás haya tomado y no, no siempre se sentirá bien, pero está bien. De todos modos, somos guiados por la fe.

Ejecutar:

Llevar afuera o poner en efecto (a plan, orden, o curso de acción.

lucas 22:47-65 Rey Versión de James

47 Y mientras él todavía habló , Mirad a multitud, y el que era llamado Judas, uno de el doce, fue antes ellos, y se acercó a Jesús para besarlo.

48 Pero Jesús le dijo: Judas, ¿ con un beso entregas al Hijo del Hombre?

49 Cuando los que estaban alrededor de él vieron lo que vendría después, le dijeron: Señor, ¿heriremos con espada?

50 Y uno de ellos hirió al criado del sumo sacerdote y le cortó la oreja derecha.

51 Y Jesús respondió y dijo: Soportad hasta ahora. Y tocó su oreja y lo sanó.

Entonces Jesús dijo a los principales sacerdotes, a los capitanes del templo y a los ancianos que habían venido a él: ¿Como á ladrón habéis salido con espadas y con palos? Cuando estaba con vosotros cada día en el templo, no extendisteis las manos contra mí; pero esta es vuestra hora, y el poder de las tinieblas.

52   Entonces lo tomaron, lo llevaron y lo llevaron a la casa del sumo sacerdote. Y Pedro lo siguió de lejos.

53   Y cuando encendieron fuego en medio de la sala y se sentaron juntos, Pedro se sentó entre ellos.

54   Pero una criada lo vio sentado junto al fuego, y mirándolo fijamente, dijo: Éste también estaba con él.

55   Y él lo negó, diciendo: Mujer, no lo conozco.

56   Y al cabo de un rato le vio otro, y dijo: Tú también eres de ellos. Y Pedro dijo: Hombre, no lo soy.

57   Y aproximadamente en el espacio de una hora tras otra

58   Afirmó confiadamente, diciendo: Verdaderamente también éste estaba con él, porque es galileo.

59   Y Pedro dijo: Hombre, no sé lo que dices. E inmediatamente, mientras aún hablaba, cantó el gallo.

60   Y el Señor se volvió y miró a Pedro. Y Pedro se acordó de la palabra del Señor, cómo le había dicho : Antes que cante el gallo, me negarás tres veces.

61   Y Pedro salió y lloró amargamente.

62 Y los hombres que tenían a Jesús se burlaban de él y lo golpeaban.

63 Y cuando le vendaron los ojos, le golpearon en la cara y le preguntaron, diciendo: Profetiza, ¿quién es el que te ha golpeado?

64 Y muchas otras cosas blasfemamente hablaron contra él.

Jesús hizo no correr de su asignación, y él sabía lo que implicaba; aguantó y terminó bien por mi bien y

cada persona nacido y no nacido. Jesús era físicamente, atacado mental, verbal y psicológicamente, pero no vaciló en su fe de que Dios tenía un plan para esta situación. Se cansó en el huerto de Getsemaní, pero siguió adelante

y era determinado a conseguir a el cruz. Él hizo, y uno de sus últimas declaraciones se encontraron en Juan 19:30. Afirma que está terminado.

Padre Dios, en Jesús nombre, I preguntar eso el persona leyendo esto ahora entregue su voluntad y acepte y esté de acuerdo con la suya. Te pido que si el lector no te conoce como salvador personal, te pida que entres en su corazón ahora mismo y seas salvo de sus pecados. En el nombre de Jesús, oro, Amén.

Preguntas:

1. Hacer tú necesidad a perdonar alguien, incluido ¿tú mismo?

2. Hacer tú culparse a uno mismo, y ¿por qué?

3. Tener tú alguna vez amado adecuadamente de acuerdo a ¿a Dios?

4. Qué pequeño cambiar podría tú hacer a asegurar a camino victorioso ?

5. Cómo es ¿tu corazón?

6. Poder tú ser responsable a alguien y ser ¿vulnerable?

7. Qué área son tú no dejando Dios ¿en?

8. Hacer tú tener ¿problemas de confianza ?

9. Hacer tú tener Mami y ¿Papá heridas?

10. Hacer tú alguna vez ver tú mismo sanado, entero, y prosperar?

www.ingramcontent.com/pod-product-compliance
Lightning Source LLC
Chambersburg PA
CBHW052221150726

48002CB00003B/1216